Edition Schott

la

Paul Hindemith

1895 – 1963

Sonate

für Bratsche allein
for Solo Viola

(1922)

opus 25/1

ED 1969
ISMN 979-0-001-03517-0

www.schott-music.com

Mainz · London · Berlin · Madrid · New York · Paris · Prague · Tokyo · Toronto
© 1923 SCHOTT MUSIC GmbH & Co. KG, Mainz · © renewed 1951 SCHOTT MUSIC Ltd, London · Printed in Germany

Sonate

Paul Hindemith, opus 25 No. 1
1895 - 1963

Folgt sofort der nächste Satz.

II

Sehr frisch und straff (Viertel)

III

IV

(♩ = 600–640)

Rasendes Zeitmaß. Wild. Tonschönheit ist Nebensache. (Die Ziffern geben an, wieviel Viertel sich zwischen zwei Taktstrichen befinden.)

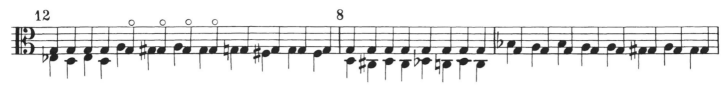

V

Langsam, mit viel Ausdruck

Schott Music, Mainz 31 029